CARTOONS FÜR **KATZENFANS**

POLO

CARTOONS FÜR **KATZENFANS**

LAPPAN

Für Lillebo

DER AUTOR

André POLOczek, 1959 in Wuppertal geboren,
studierte von 1981 bis 1989 Germanistik und Sozio-
logie in Düsseldorf und Wuppertal, mit dem Ziel,
Journalist zu werden. Obwohl er 1984 bei einem
Fotowettbewerb ein „Damenfahrrad mit Dreigang-
Nabenschaltung" gewinnt, will er weiterhin Journalist
werden. Erst der nächste Fahrradgewinn – als Sonder-
preis des Regierenden Bürgermeisters beim „Berliner
Karikaturensommer 1994" – lässt ihn ahnen, dass er
Cartoonist geworden ist.
1987 hatte die Katze einer Freundin bei ihm einen
Lachkrampf ausgelöst, weil sie in einem Sessel saß wie
Winston Churchill. Seither hat er ungezählte Dosen
geöffnet – alle für die Katz.
POLO arbeitet als Cartoonist und Illustrator für
diverse Zeitungen, Zeitschriften, Buch- und Kalender-
verlage und sieht dem nächsten Fahrradgewinn mit
Spannung entgegen. POLO lebt mit Familie und der
Katze Lillebo in Haan im Rheinland.

8. – 11. Tausend
2. Auflage Januar 2002

© 1995 Lappan Verlag GmbH, Postfach 3407, 26024 Oldenburg
Konzept und Gestaltung: Dieter Schwalm
Gesamtherstellung: New Interlitho S.P.A., Printed in Italy
ISBN 3-8303-4067-2

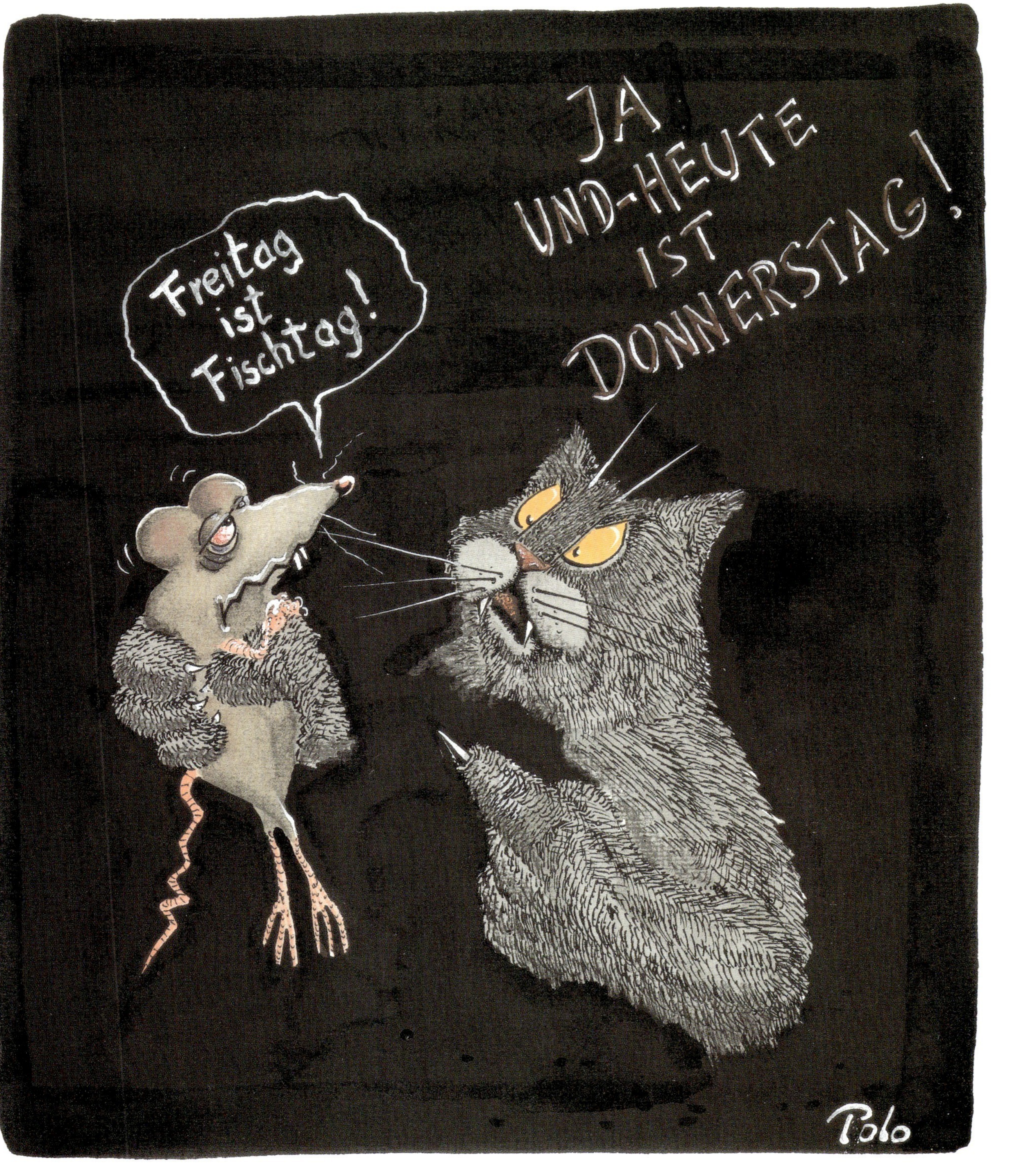
Freitag ist Fischtag!
JA UND-HEUTE IST DONNERSTAG!
Polo

Warum Katzen den Indianern heilig sind

Polo

Ich angele für meine Ausgeglichenheit!
Und was wäre so schlimm daran, wenn Du für meine Ausgeglichenheit mal Einen fangen würdest?
NORWEGEL
Polo

Das ist
meine Muschi

Wenn ich mal eine richtig große Muschi
bin, krieg ich ein Flohhalsband mit ächten
Brilljanten, ein Katzenklo aus puhren Gold
und Bandwürmer aus reiner Seide.

Sabrina (11)

Als hochdotierter Aufsichtsratsvorsitzender eines marktführenden Tierpharmakaherstellers kann sich Herr Strack einiges erlauben! Aber eben keine Flöhe!

Polo

* Dabei soll die Miez von Gizeh an die schlimme Rattenplage im Jahr 458 v.Chr. erinnern!

Der DLRG-Kater Uwe. Hier mit einer
vor dem Ertrinken geretteten Ente.

Lappans Cartoon-Geschenke

Diverse
Cartoons für Apotheker

Diverse
Cartoons für Computerfreaks

Detlev Kersten
Cartoons für Großeltern

Wilfried Gebhard
Cartoons für Heimwerker

Diverse
Cartoons für Juristen

Karl-Heinz Brecheis
Cartoons für Manager

Johann Mayr
Cartoons für Mütter

Karl-Heinz Brecheis
Cartoons für Pferdefans

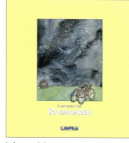
Johann Mayr
Cartoons für Radfahrer

Barbara Hömberg
Cartoons zur Schwangerschaft

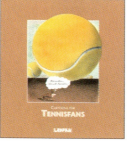
Peter Butschkow
Cartoons für Tennisfans

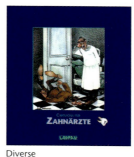
Diverse
Cartoons für Zahnärzte

*Wir senden Ihnen gern unser Gesamtverzeichnis: Lappan Verlag GmbH · Postfach 3407 · 26024 Oldenburg. Oder besuchen Sie uns im
Internet unter: www.lappan.de oder per E-Mail: info@lappan.de*